DOSTLUK AĞACI

Yazan: ELİF ÇİFTÇİ YILM

Resimleyen: EDA ERTEKİN T(

FLOKİ
Çocuk

Bugün, Melis ile Ege çok mutluydu. Göl kenarına pikniğe gelmişlerdi. Hava da çok güzeldi.

Yemeklerini yedikten sonra tam top oynayacakları sırada Melis'in dedesi seslendi: "Haydi gelin, sizi bir dostumla tanıştıracağım."

İki arkadaş merakla Ahmet Dede'yi takip etti.

Gölün ilerisindeki küçük tepeye vardıklarında kocaman bir meşe ağacı ile karşılaştılar. "Şu ağacın gölgesinde dinlenelim." dedi Ahmet Dede.

Ege, "Oh! Burası serinmiş." dedi.

Melis merakla dedesine, "Dedeciğim, bizi kiminle tanıştıracaktın?" diye sordu.

Ahmet Dede,
"Bu meşe ağacını görüyor
musunuz, bu ağacı babamla
ben daha küçük bir çocukken
dikmiştik." dedi. Ege ile
Melis dev ağaca hayretle
bakakaldılar.

Ege dayanamayıp sordu: "Bu ağaç o zamandan beri yaşıyor mu?"

Ahmet Dede gülümseyerek "Ağaçlar çok uzun süre yaşar. Bu ağacın adını 'Yaşam Ağacı' koymuştum. Bir göz gezdirin bakalım, ağaçta hangi canlılar yaşıyormuş?" dedi.

O sırada küçük bir sincap, yuvasından
çıktı. Dedesi, "Bakın, bu ağaçta yaşayan
küçük bir sincap." dedi. Panikleyen sincap
meşe palamudunu düşürdü. Ahmet Dede,
düşen palamudu alıp sincaba uzattı.
Sincap hızla gelip palamudunu alarak
yuvasına kaçtı.

Ege heyecanla, "Melis, şuradaki dala bak!" dedi.

"Aaa, bir kuş yuva yapmış!" dedi Melis.

Ege heyecanla dedi ki: "Yuvada üç de yumurta var!"

Melis, "Bu ağacın adı neden Yaşam Ağacı daha iyi anlıyorum." dedi. "Kuşlara, sincaplara yuva olmuş hep."

Ahmet Dede, "Aferin çocuklar! Sadece yuva değil, onların gizlenmelerine de yardımcı olur." dedi.

Yaşam Ağacı ile vedalaşıp piknik alanına döndüler. Toparlanıp ayrılmadan önce de çöpleri temizlediler.

Ertesi gün Ahmet Dede, iki arkadaşa seslendi: "Melis, Ege bahçeye gelin!" İkisi de koşarak bahçeye çıktılar.

Ahmet Dede, "Size bir ceviz ağacı fidanı aldım." dedi. Ege ile Melis çok sevindiler.

Melis kürekle toprağı kazdı, Ege ise minik fidanı toprağa yerleştirdi. Ahmet Dede de toprağı kapattı. Birlikte fidanı suladılar.

Melis fidanın yapraklarını okşayarak "Biz de ceviz ağacımıza bir isim bulalım." dedi.

Ege sevinçle dedi ki: "Dostluk Ağacı' olsun!"

Ahmet Dede, "Haydi o zaman, Dostluk Ağacı ile bir fotoğrafınızı çekeyim." dedi.

Bu güzel hatırayı da fotoğraf günlüklerine yapıştırdılar.

Dostluk Ağacı da büyüyecek ve lezzetli cevizlerini verecekti.

Sevinçle şarkı söylemeye başladılar.

Haydi, onlar ile birlikte sen de söyle!

FİDAN DİKELİM!

İçine çek temiz havayı,

Ağaçlar temizler doğayı.

Temiz tut, koru ormanları.

Haydi kazalım toprağı,

Sen de dik bir fidanı,

Ağaçlar yeşerecek.

Senindir güzel gelecek.

Çeşit çeşit meyve verir,

Gölgesinde insanlar dinlenir.

Rüzgâr ile yaprakları,

Hışır hışır huzur verir.